LES

PERTES DE LA FRANCE

PAR L'EFFET DU TRAITÉ DE PAIX

Population. — Territoire
Places fortes. — Villes principales
Impôts. — Administration
Agriculture. — Industrie. — Commerce
Productions naturelles

Avec la CARTE des PAYS CÉDÉS
UNE NOTICE HISTORIQUE SUR L'ALSACE ET LA LORRAINE
ET LE TEXTE DES PRÉLIMINAIRES DE PAIX
PAR

J. HEU, ancien notaire

Prix : 50 centimes

PARIS

LIBRAIRIE INTERNATIONALE
A. LACROIX, VERBOECKHOVEN ET Cᶜ, ÉDITEURS
15, boulevard Montmartre et faubourg Montmartre, 13
MÊME MAISON A BRUXELLES, A LEIPZIG ET A LIVOURNE

—

1871

Henri II en 1552, et la Lorraine, réunie à la couronne de France, sous Louis XV, à la mort de Stanislas Leczinski, en 1766.

PAYS CÉDÉS. — CHIFFRE DE LA POPULATION
ÉTENDUE DU TERRITOIRE

Population

La ligne de démarcation commence à la frontière nord-ouest du canton de Cattenom, vers le grand-duché de Luxembourg; elle embrasse :

1º Dans la *Moselle* :

L'arrondissement de Thionville (5 cantons, 119 communes) et en habitants.   90,591

De l'arrondissement de Briey, environ la moitié du canton de Briey, ayant 24 communes ;

Tout l'arrondissement de Metz, sauf une douzaine de communes du canton de Gorze, c'est-à-dire 7 cantons, environ 210 communes avec 160.000 habitants, ci.   160,000

Tout l'arrondissement de Sarreguemines, 8 cantons, 156 communes, ayant en habitants   131,876

2º Dans la *Meurthe* :

L'arrondissement de Château-Salins en majeure partie (moins une vingtaine de communes). Cet arrondissement contient au total 5 cantons, composés de 147 communes et 60,626 habitants. En déduisant pour 20 communes 10,000 habitants, il reste.   50,626

L'arrondissement de Sarrebourg (sauf une

A reporter   433,093

Report.   433,093

fraction du canton de Lorquin, au sud près des Vosges, comprenant de 5 à 6,000 habitants et notamment la commune de Cirey, avec son importante manufacture de glaces de la compagnie des glaces de Saint-Gobain), 5 cantons, composés environ de 100 communes et 71,000 habitants.   71,000

3° Dans les *Vosges* :

Une pointe de l'arrondissement de Saint-Dié, comprenant le canton de Schirmeck (10 à 12 communes, environ 10,000 habitants), et dans le canton de Saales, 7 communes, au total environ 20,000 habitants, ci.   20,000

4° Tout le département du *Bas-Rhin* :

Il comprend 33 cantons, 541 communes et 588,970 habitants, ci.   588,970

5° *Haut-Rhin* :

Tout le département, sauf l'importante ville de Belfort avec un rayon à déterminer et une fraction du canton de Delle.

Le Haut-Rhin comprend 32 cantons, ayant 490 commune et. . . . . 530,285 hab.

En déduisant pour Belfort et le reste environ. . . . . 20,000 —

On trouve. . . . . 510,285 hab.   510,285

Total approximatif en habitants.   1,623,348

Superficie

Le département du *Bas-Rhin* contient.   455,345 hect.
Celui du *Haut-Rhin*.   410,771

A reporter. . . . .   866,116 hect.

— 6 —

Report. . . . 866,116 hect.

Le département de la *Moselle* contient en totalité. . . . . 536,889 hect.

Il y a 4 arrondissements. En déduisant 1/4 pour ce que nous conservons de l'arrondissement de Briey et les quelques communes du canton de Gorze.   134,222

Il reste . . . . 402,667 hect.

Mettons. 402,000

La *Meurthe* contient 602,000 hectares. Deux arrondissements (ou à peu près) sur 5, sont cédés. Nous faisons donc figurer pour les 2/5 environ. 240,000

Vosges. — Portons pour *mémoire* la fraction cédée.

Total approximatif de la superficie, 1,508,116 hect.

Soit en chiffres ronds :

SEIZE CENT MILLE HABITANTS et QUINZE CENT MILLE HECTARES ou quinze mille kilomètres carrés.

NOTA. — La population de la France entière était de 38 millions d'habitants et sa superficie de 543,000 kilomètres carrés ou 54,300,000 hectares.

Villes principales et places de guerre

Nous perdons les places de guerre suivantes :

Bas-Rhin. — Strasbourg, Schelestadt, Wissembourg, le Fort-Louis, Haguenau, Lauterbourg, Lichtemberg et la Petite-Pierre.

Haut-Rhin. — Neufbrisach.

Meurthe. — Phalsbourg, Marsal.

Moselle. — Metz, Thionville et Bitche.

Les autres villes principales sont :

Dans le Bas-Rhin : Saverne, chef-lieu d'arrondissement.

Dans le Haut-Rhin : Colmar, Mulhouse, Sainte-Marie-aux-Mines, Cernay, Thann, Huningue, etc.

Dans la Meurthe : Château-Salins, Sarrebourg, Dieuze.

Dans la Moselle : Sarreguemines, Forbach, Saint-Avold, etc.

Impôts

L'Alsace (Haut-Rhin et Bas-Rhin) était imposée (en contributions de toute nature) pour un chiffre d'environ 24 millions ;

La Moselle pour 13 à 14 millions ; (nous en perdons à peu près les trois quarts.)

Et la Meurthe pour environ 15 millions, dont nous perdons approximativement les deux cinquièmes.

Administration

Nous allons avoir en moins, ressortissant des départements ministériels qui suivent :

Intérieur. — 3 préfectures (Strasbourg, Colmar et Metz) avec 12 ou 15 conseillers de préfecture ; 8 sous-préfectures (Saverne, Schelestadt, Wissembourg, Altkirch, Château-Salins, Sarrebourg, Sarreguemines, Thionville) ; 3 ingénieurs en chef des ponts et chaussées, à Strasbourg, Colmar et Metz ; 1 ingénieur en chef des mines à Strasbourg et 1 directeur de la télégraphie à Metz.

Finances. — 3 trésoriers payeurs généraux, 3 directeurs et 3 inspecteurs des contributions directes ; pour l'enregistrement et les domaines, 3 directeurs, 6 inspecteurs, 10 conservateurs des hypothèques, 3 conservateurs des forêts, etc.

Justice. — 2 cours d'appel (Colmar et Metz), 10 tribunaux de première instance aux chefs-lieux d'arrondissement (sauf le tribunal de l'arrondissement de Château-Salins qui était à Vic) ; 96 justices de paix ; 4 tribunaux de commerce (Strasbourg, Colmar, Mulhouse et Metz) ; 2 maisons centrales de détention (Haguenau et Ensisheim) ; en officiers publics et ministériels, 13 avoués d'appel, 70 de première instance, 272 notaires, 219 huissiers, etc.

Cultes. — 2 évêchés (Strasbourg et Metz) suffragants de Besançon, le Consistoire général protestant de Strasbourg, plusieurs inspections et églises consistoriales de protestants et protestants réformés, et enfin plusieurs consistoires israélites.

Guerre. — Strasbourg était le chef-lieu de la 6e division militaire et Metz le chef-lieu de la 5e division ; en dehors des lieutenants-généraux, maréchaux de camp, intendants et sous-intendants militaires attachés à ces divisions, il y avait dans chacune des villes de Strasbourg et Metz, une direction du génie et une de l'artillerie, et une direction d'artillerie à Neufbrisach (place de guerre).

Instruction publique. — Les villes de Strasbourg et Metz étaient chacune le chef-lieu d'une Académie universitaire. Indépendamment des nombreux colléges communaux, pensionnats et écoles secondaires et primaires qui se trouvent dans ces contrées intelligentes, nous citerons, au point de vue de *l'enseignement spécial :*

A Strasbourg, les Facultés des sciences, de médecine, de droit, des lettres, une école d'artillerie ;

A Metz, l'École d'application pour le génie et l'artillerie ;

A Colmar, une école de sourds-muets, etc.

Nous mentionnerons également, sous le rapport des *collections scientifiques,* les bibliothèques publiques de nos trois anciens chefs-lieux de département, les musées d'histoire naturelle et jardins botaniques de Strasbourg et de Metz, etc.

Agriculture, Industrie, Commerce

On recueille, en Alsace, toute espèce de grains; les céréales et vignes fournissent plus que pour les besoins de la contrée; il en est de même dans la Moselle et la Meurthe, pour les céréales. La culture du tabac, très-répandue dans le Bas-Rhin, occupe plus de 10,000 hectares des meilleures terres. On sait que Strasbourg est renommé par ses pâtés de foie gras et sa choucroûte, comme Metz par ses mirabelles, pruneaux et confitures.

Industrie. — Elle est très-développée dans ces départements, au double point de vue de la fabrication et du commerce. Nous citerons plus particulièrement :

Dans la Moselle : 1º la fabrication des métaux, arrondissement de Thionville, où on remarque les magnifiques forges de Hayange, Suzange, Schrémange, Florange, Moyeuvre-Grande; 2º la fabrication des verreries et cristaux à l'instar du *flint-glass* anglais, à la verrerie de Saint-Louis, près de Bitche; 3º celle de la faïence, des toiles, des tabatières en carton de Forbach, etc.;

Dans la Meurthe, les salines si importantes, les cristaux et verreries de Plaine-de-Walsch et Valléristal;

Dans le Bas-Rhin, les fabriques d'acier, les manufactures d'armes à feu et d'armes blanches du gouvernement (Klingenthal et Mutzig); la fabrication des fers de toute espèce en quincaillerie, taillanderie, chaudronnerie; celle de nombreux produits chimiques;

Et dans le Haut-Rhin, où l'industrie manufacturière est une des plus actives de toute la France, il faut signaler notamment : les impressions en couleur sur toute sorte d'étoffes, les articles dits de Mulhouse et d'Alsace, les étoffes de laine, la filature, les tissus de coton; 2º et la fabrication du fer, qui est d'une haute importance. Les mines de fer y sont nombreuses et riches.

On trouvait aussi, à Sarreguemines et à Puttelange, les fabriques de peluche de soie pour chapeaux, dont le commerce était considérable surtout en Amérique. Pouvons-nous oublier les tanneries renommées de la petite ville de Sierck, arrondissement de Thionville; les fabriques de chapeaux de paille de Sarre-Union; les fabriques des verres de montres et verres de lunettes de MM. Walter et Berger, de Gœtzenbruck, arrondissement de Sarreguemines, répandus dans les deux hémisphères, et enfin la belle fabrique de vitraux de M. Maréchal, de Metz, dont les productions artistiques sont si justement célèbres...

Qu'il nous suffise de dire, sans vouloir continuer une énumération trop étendue, qu'au point de vue du commerce et de l'industrie, ce que nous perdons de l'Alsace et de la Lorraine prenait place au nombre des meilleures et des plus actives contrées de la France.

Productions naturelles

Les sources d'eaux salées sont abondantes dans les départements de la Meurthe, du Bas-Rhin et de la Moselle. Il suffit de citer dans la Meurthe, Dieuze, Moyenvic, Château-Salins; dans la Moselle, Saltzbronn, et dans le Bas-Rhin, Soultz, Diemeringen, Harskirck.

Mentionnons également les sources ferrugineuses situées sur divers points de la Moselle, les eaux gazeuses de Sultzmatt (Haut-Rhin), et les eaux minérales de Niederbronn (Bas-Rhin), où se trouve un bel établissement fréquenté annuellement par 2 à 3,000 personnes.

NOUVELLES LIMITES DE LA FRANCE A L'EST

Le démembrement que nous subissons va nécessairement amener un remaniement dans les départements qui avoisinent ceux cédés. Les nouvelles frontières de la France, à l'Est, vont être :

La partie du département de la *Moselle* ou plutôt de l'arrondissement de Briey qui nous reste;

Dans la *Meurthe*, les arrondissements de Nancy, Toul et Lunéville;

Le département des Vosges, sauf la pointe abandonnée dans l'arrondissement de Saint-Dié;

Et le département de la Haute-Saône, avec ce qui nous reste du Haut-Rhin et surtout Belfort, comme avant-garde.

Nous avons tenu à constater les faits sans aucun commentaire. En se rendant bien compte de la terrible amputation qui est faite à ce malheureux corps de la France, le cœur de tout Français comprendra mieux les devoirs que nous avons à remplir et ce qu'il nous reste à faire.

L'Alsace prussifiée

On écrit de Saarbruck, le 1er mars :

Les anciennes provinces de l'Alsace et de la Lorraine ont été subdivisées et réduites en districts d'une population de 70 ou 80,000 habitants.

La basse Alsace comprendra huit cercles :

La ville de Strasbourg, la contrée environnante, Erstein, Haguenau, Molsheim, Schelestadt, Wissembourg et Zobern.

Colmar, Rappoltsweiller, Gebweiller, Thann, Mulhouse et Altkirch.

La Lorraine comprendra huit cercles :

La ville de Metz, les environs de Metz, Thionville, Sarreguemines, Château-Salins, Sarrebourg, Forbach et Falkenberg.

Les sous-préfets prendront le titre de directeur des cercles.

Les cercles des villes de Metz et de Strasbourg seront administrés par des préfets.

Teneur des préliminaires de paix, dont lecture a été faite à l'Assemblée nationale et dont l'instrument authentique reste déposé aux archives du ministère des affaires étrangères.

Entre le chef du pouvoir exécutif de la République française, M. Thiers, et le ministre des affaires étrangères, M. Jules Favre, représentant la France, d'un côté,

Et de l'autre, le chancelier de l'empire germanique, M. le comte Otto de Bismarck Schonhausen, muni des pleins pouvoirs de S. M. l'empereur d'Allemagne, roi de Prusse;

Le ministre d'Etat et des affaires étrangères de S. M. le roi de Bavière, M. le comte Otto de Bray-Steinburg;

Le ministre des affaires etrangères de S. M. le roi de Wurtemberg, M. le baron Auguste de Waechter;

Le ministre d'État, président du conseil des ministres de S. A. R. Mgr le grand-duc de Bade, M. Jules Jolly;

Représentant l'Empire germanique;

Les pleins pouvoirs des deux parties contractantes ayant été trouvés en bonne et due forme, il a été convenu ce qui suit pour servir de base préliminaire à la paix définitive à conclure ultérieurement:

ARTICLE PREMIER.

La France renonce en faveur de l'empire allemand à tous ses droits et titres sur les territoires situés à l'est de la frontière ci-après désignée:

La ligne de démarcation commence à la frontière nord-ouest du canton de Cattenom, vers le grand duché de Luxembourg, suit, vers le sud, les frontières occidentales des cantons de Cattenom et Thionville, passe par le canton de Briey en longeant les frontières occidentales des communes de Montois-la-Montagne et Roncourt, ainsi que les frontières orientales des communes de Marie-aux-Chènes, Saint-Ail, atteint la frontière du canton de Gorze qu'elle traverse le long des frontières communales de Vionville, Chambley et Onville, suit la frontière sud-ouest resp. sud de l'arrondissement de Metz, la frontière occidentale de l'arrondissement de Château-Salins jusqu'à la commune de Pettoncourt dont elle embrasse les frontières occidentale et méridionale, pour suivre la crête des montagnes entre la Seille et Moncel, jusqu'à la frontière de l'arrondissement de Sarrebourg au sud de Garde.

La démarcation coïncide ensuite avec la frontière de cet arrondissement jusqu'à la commune de Tauconville dont elle atteint la frontière au nord; de là elle suit la crête des montagnes entre les sources de la

Sarre blanche et de la Vezouse jusqu'à la frontière du canton de Schirmeck, longe la frontière occidentale de ce canton, embrasse les communes de Saales, Bourg-Bruche, Colroy-La Roche, Plaine, Ranrupt,
Saulxures et Saint-Blaise-La Roche du canton de Saales, et coïncide
avec la frontière occidentale des départements du Bas-Rhin et du Haut-
Rhin jusqu'au canton de Belfort dont elle quitte la frontière méridionale non loin de Vourvenans pour traverser le canton de Delle, aux
limites méridionales des communes de Bourgone et Froide-Fontaine,
et atteindre la frontière suisse, en longeant les frontières orientales
des communes de Jonchéey et Delle.

L'empire allemand possédera ces territoires à perpétuité en toute
souveraineté et propriété. Une commission internationale, composée de
représentants des hautes parties contractantes, en nombre égal des
deux côtés, sera chargée, immédiatement après l'échange des ratifica-
tions du présent traité, d'exécuter sur le terrain le tracé de la nouvelle
frontière, conformément aux stipulations précédentes.

Cette commission présidera au partage des biens-fonds et capitaux
qui jusqu'ici ont appartenu en commun à des districts ou des communes
séparés par la nouvelle frontière ; en cas de désaccord sur le tracé et les
mesures d'exécution, les membres de la commission en référeront à
leurs gouvernements respectifs.

La frontière, telle qu'elle vient d'être décrite, se trouve marquée en
vert sur deux exemplaires conformes de la carte du territoire formant
le gouvernement général d'Alsace publiée à Berlin en septembre 1870,
par la division géographique et statistique de l'état-major général, et
dont un exemplaire sera joint à chacune des deux expéditions du présent traité.

Toutefois, le tracé indiqué a subi les modifications suivantes, de
l'accord des deux parties contractantes : dans l'ancien département de
la Moselle, le village de Marie-aux-Mines, près de Saint-Privat-la-Mon-
tagne, et de Vionville, à l'ouest de Rezonville, seront cédés à l'Allemagne ; par contre, la ville et les fortifications de Belfort resteront à la
France avec un rayon qui sera déterminé ultérieurement.

ART. 2.

La France payera à S. M. l'empereur d'Allemagne la somme de
cinq milliards de francs. Le payement d'au moins un milliard de francs
aura lieu dans le courant de l'année 1871, et celui de tout le reste de la
dette, dans un espace de trois années, à partir de la ratification des
présentes.

Art. 3.

L'évacuation des territoires français occupés par les troupes allemandes commencera après la ratification du présent traité par l'Assemblée nationale, siégeant à Bordeaux. Immédiatement après cette ratification, les troupes allemandes quitteront l'intérieur de la ville de Paris, ainsi que les forts situés sur la rive gauche de la Seine, et, dans le plus bref délai possible fixé par une entente entre les autorités militaires des deux pays, elles évacueront entièrement les départements du Calvados, de l'Orne, de la Sarthe, d'Eure-et-Loir, du Loiret, de Loir-et-Cher, d'Indre-et-Loire, de l'Yonne, et, de plus, les départements de la Seine-Inférieure, de l'Eure, de Seine-et-Oise, de Seine-et-Marne, de l'Aube et de la Côte-d'Or, jusqu'à la rive gauche de la Seine. Les troupes françaises se retireront en même temps derrière la Loire, qu'elles ne pourront dépasser avant la signature du traité de paix définitif. Sont exceptées de cette disposition, la garnison de Paris dont le nombre ne pourra pas dépasser quarante mille hommes, et les garnisons indispensables à la sûreté des places fortes. L'évacuation des départements situés entre la rive droite de la Seine et la frontière de l'Est par les troupes allemandes, s'opérera graduellement après la ratification du traité de paix définitif, et le payement du premier demi-milliard de la contribution stipulée par l'article 2, en commençant par les départements les plus rapprochés de Paris, et se continuera au fur et à mesure que les versements de la contribution seront effectués. Après le premier versement d'un demi-milliard, cette évacuation aura lieu dans les départements suivants : Somme, Oise, et les parties des départements de la Seine-Inférieure, Seine-et-Oise, Seine-et-Marne, situés sur la rive droite de la Seine, ainsi que la partie du département de la Seine et les forts situés sur la rive droite. Après le paiement de deux milliards, l'occupation allemande ne comprendra plus que les départements de la Marne, des Ardennes, de la Haute-Marne, de la Meuse, des Vosges, de la Meurthe, ainsi que la forteresse de Belfort avec son territoire, qui serviront de gage pour les trois milliards restants, et où le nombre des troupes allemandes ne dépassera pas cinquante mille hommes. Sa Majesté l'empereur sera disposée à substituer à la garantie territoriale, consistant dans l'occupation partielle du territoire français, une garantie financière si elle est offerte par le Gouvernement français dans des conditions reconnues suffisantes par Sa Majesté l'empereur et roi pour les intérêts de l'Allemagne. Les trois milliards dont l'acquittement aura été différé, porteront intérêt à cinq pour cent à partir de la ratification de la présente convention.

Art. 4.

Les troupes allemandes s'abstiendront de faire des réquisitions, soit en argent, soit en nature, dans les départements occupés. Par contre, l'alimentation des troupes allemandes qui resteront en France aura lieu aux frais du Gouvernement français, dans la mesure convenue par une entente avec l'intendance militaire allemande.

Art. 5.

Les intérêts des habitants des territoires cédés par la France, en tout ce qui concerne leur commerce et leurs droits civils, seront réglés aussi favorablement que possible lorsque seront arrêtées les conditions de la paix définitive. Il sera fixé à cet effet un espace de temps pendant lequel ils jouiront de facilités particulières pour la circulation de leurs produits. Le gouvernement allemand n'apportera aucun obstacle à la libre émigration des habitants des territoires cédés, et ne pourra prendre contre eux aucune mesure atteignant leurs personnes ou leurs propriétés.

Art. 6.

Les prisonniers de guerre qui n'auront pas déjà été mis en liberté par voie d'échange, seront rendus immédiatement après la ratification des présents préliminaires. Afin d'accélérer le transport des prisonniers français, le Gouvernement français mettra à la disposition des autorités allemandes, à l'intérieur du territoire allemand, une partie du matériel roulant de ses chemins de fer, dans une mesure qui sera déterminée par des arrangements spéciaux, et aux prix payés en France par le Gouvernement français pour les transports militaires.

Art. 7.

L'ouverture des négociations pour le traité de paix définitif à conclure sur la base des présents préliminaires, aura lieu à Bruxelles, immédiatement après la ratification de ces derniers par l'Assemblée nationale et par S. M. l'empereur d'Allemagne.

Art. 8.

Après la conclusion et la ratification du traité de paix définitif, l'administration des départements devant encore rester occupés par les troupes allemandes sera remise aux autorités françaises; mais ces dernières seront tenues de se conformer aux ordres que le commandant des troupes allemandes croirait devoir donner dans l'intérêt de la sûreté, de l'entretien et de la distribution des troupes.

Dans les départements occupés, la perception des impôts, après la ratification du présent traité, s'opérera pour le compte du Gouvernement français et par le moyen de ses employés.

Art. 9.

Il est bien entendu que les présentes ne peuvent donner à l'autorité militaire allemande aucun droit sur les parties du territoire qu'elles n'occupent point actuellement.

Art. 10.

Les présentes seront immédiatement soumises à la ratification de l'Assemblée nationale française siégeant à Bordeaux et de Sa Majesté l'empereur d'Allemagne.

En foi de quoi les soussignés ont revêtu le présent traité préliminaire de leurs signatures et de leurs sceaux.

Fait à Versailles, le 26 février 1871.

V. Bismarck.

A. Thiers.

Jules Favre.

Les royaumes de Bavière et de Wurtemberg et le grand-duché de Bade ayant pris part à la guerre actuelle comme alliés de la Prusse et faisant partie maintenant de l'empire germanique, les soussignés adhèrent à la présente convention au nom de leurs souverains respectifs.

Versailles, 26 février 1871.

Comte de Bray-Steinburg.

Baron de Waechter.

Mittnacht.

Jolly.

CARTE DES PAYS FRANÇAIS CÉDÉS A L'ALLEMAGNE

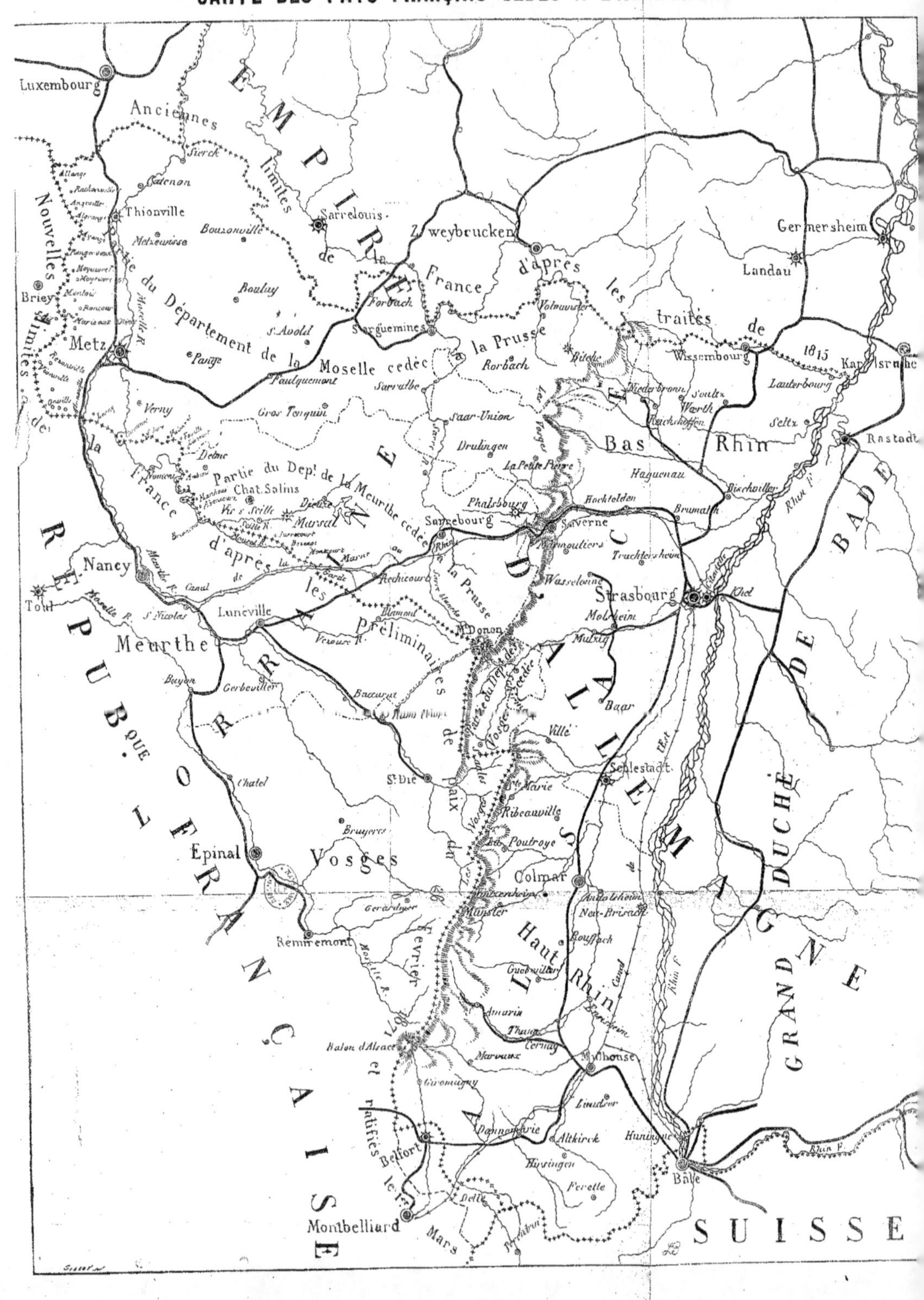